粤雅小丛书 · 第二辑

南拳
寸劲有魂

粤雅小丛书编委会
编著

南方日报出版社
NANFANG DAILY PRESS
中国 · 广州

图书在版编目（CIP）数据

南拳：寸劲有魂 / 粤雅小丛书编委会编著. — 广州：南方日报出版社，2023.7
（粤雅小丛书. 第二辑）
ISBN 978-7-5491-2706-1

Ⅰ. ①南… Ⅱ. ①粤… Ⅲ. ①南拳－介绍－广东Ⅳ. ①G852.13

中国国家版本馆CIP数据核字(2023)第106890号

NANQUAN
南拳：寸劲有魂

编　　著：粤雅小丛书编委会
出版发行：南方日报出版社
地　　址：广州市广州大道中289号
出 版 人：周山丹
出版统筹：阮清钰
责任编辑：李嘉荟
装帧设计：邓晓童
责任校对：朱晓娟
责任技编：王　兰
经　　销：全国新华书店
印　　刷：广州市岭美文化科技有限公司
开　　本：787mm × 1092mm　1/32
印　　张：2.5
字　　数：27千字
版　　次：2023年7月第1版
印　　次：2023年7月第1次印刷
定　　价：25.00元

投稿热线：（020）87360640　　读者热线：（020）87363865
发现印装质量问题，影响阅读，请与承印厂联系调换。

总序

广东是中国非遗大省，源远流长的岭南文化孕育了丰富多彩的非物质文化遗产，其中有粤剧、剪纸等世界级非遗，醒狮、广彩、广绣、玉雕等国家级非遗，以及省级以下种类繁多的各类非遗。每一项非物质文化遗产都凝聚着广东人民的集体智慧，见证着时代的变迁与发展，其创新发展也都汲取了时代的精神营养。

同时，非物质文化遗产也是广东人民与世界交流、沟通与合作的桥梁。在历史上，广东作为海上丝绸之路的重要节点，与世界各地有着密切的经贸和文化往来，不少非物质文化遗产也受到了外来文化的影响，形成了多元融合、中西合璧的特色。

广东省第十三次党代会提出，“要推进岭南文化活化利用，加强醒狮、龙舟、粤绣、剪纸、广彩、陶艺、木雕、玉雕、端砚、凉茶、工夫茶等非遗项目活态传承”，2023年开春的全省高质量发展大会也提出要“传承充满浓浓乡愁的广东城乡、广东文化、广东韵味”。

非遗是岭南文化的精粹，也是凝聚着浓浓乡愁的广东韵味。从历史发展的角度看，保护非遗，可以促进广东人民对自身文化根源和特色的认识和自豪感，增强文化自信和凝聚力，也可以为广东的经济社会发展提供丰富的文化资源和内生动力。从传承创新的角度看，保护非遗，可以激发广东人民的创造精神和创新能力，推动非遗与现代生活、现代科技、现代艺术等相结合，赋予非遗新的时代价值和社会功能。

基于此，“粤雅小丛书”应运而生。本丛书旨在普及岭南非遗艺术，弘扬优秀传统文化，梳理其历史源流和发展脉络及其背后独特的地域文化基因，总结分析其艺术特色及传承发展现状，突出普及性、艺术性，同时注重历史性、文化性，关照创新性、时代性。

希望本丛书能为遍布世界的华人华侨带来文化的滋养和情感的维系，为爱好中华文化的国外读者传播岭南非遗，在阅读中真切感悟到中国精神、中国价值、中国力量。

粤雅小丛书编委会

2023年7月

目录

引言

提起“功夫皇帝”李小龙，浮现在观众脑海里的第一印象，应该就是他凌厉迅猛的拳法腿法，还有每一次出手发出的“嗬！哈！”吼叫声。他在电影《猛龙过江》里与空手道冠军查克·诺里斯有一场长达十分钟的徒手对决，全方位展示洒脱灵活的近身格斗，拳拳到肉，无须靠剪辑营造速度感，观众已经看得热血沸腾。

李小龙的入门老师，就是咏春拳大师叶问。李小龙后来以咏春拳为基础，融合南拳各家技击和北派功夫，自创“截拳道”流派，但许多招式都蕴含南拳技击的精髓。比如出拳以快取胜，据说李小龙能够在一秒钟之内冲拳九次，踢腿两下，由于速度太快，拍摄时还要特意使用慢倍速，观众才能完整看清他的动作。又如出名的吼叫声，也与南拳通过发声技巧提升拳势和劲力的特色一脉相承。

南拳是中国七大拳系的一种，广泛流传于南方地区。南拳流派和拳种繁多，据不完全统计超过200种，共同特点是以短打为主，手法丰富。相较北方拳善用腿法、大开大合、蹿纵跳跃的特点，南拳更擅长下盘功夫，开步扎马，善贴身战，多采用短拳技巧，短桥寸劲是南拳的特色之一，因此，武术界有“南拳北腿”之称。南拳有广东南拳和福建南拳两个主要流派，本书介绍的是由洪、刘、蔡、李、莫五大名家和蔡李佛拳、咏春拳等十三种名拳组成的广东南拳。

受岭南文化开放包容、刚勇正义的特质影响，广东南拳倡导尊师重道、谦逊和善、勇于创新、扶危济贫、见义勇为的品格。洪拳黄飞鸿悬壶济世，行侠仗义；蔡李佛拳陈享武医兼修，扎根穷苦大众；咏春叶问打破师徒一对一口传身教的传统，创新简单明了的集体教授方式，把咏春发扬光大。

近代反帝反封建革命运动中，许多南拳子弟身先士卒投身革命浪潮之中，为民族大业奉献生命。洪拳弟子组成三元里抗英义勇主力军抵抗入侵广州的英军；蔡李佛拳的创始人陈享投身太平天国运动；洪门海外组织致公堂（致公党前身）倾尽财力筹集革命经费支持孙中山的民主革命，广州黄花岗起义的七十二烈士中，有六十八位是洪门中人；侠家拳传人黄啸侠在抗日期间创编专门克制日本刺刀的“抗日大刀法”，第十九路军的广东子弟兵在淞沪会战时使用这个刀法浴血奋战，杀敌无数。

流传数百年的广东南拳，其精神内涵从古时强身自保、护卫家园的民间侠义，演变为近代保卫国家、誓死不做亡国奴的民族使命担当，在岭南历史的演变中不断升华。传承者们始终秉持着“尚武崇德”的理念，为保家卫国、抗击外敌、振兴民族贡献了自己的力量，为广东南拳注入红色基因。我们应该珍惜和传承这份非物质文化遗产的精髓，不断创新和发展，将广东南拳精神融入现代社会，让其在未来的岁月里继续闪耀光芒。

第一章

拳影功夫

——广东南拳的前世今生

起源：发轫于明　宗出少林

南拳起始于明代，距今四百多年。南拳一词最早出现在明代隆庆二年（1568年）武将郑若曾所著的《江南经略》里，在“拳法论述”一节提到南拳流派：“南拳，似风似蔽似进似退，凡四路。”清代《小知录》里说明代有十一种名拳，包括“赵家拳”“南拳”“勾挂拳”……也证实了南拳的起源朝代。

南拳的起源地至今未有定论，比较流行的传说是宗出福建南少林。据说在福建有一个嵩山少林寺的分支，叫南少林寺，僧人尽

福建南少林为南拳祖庭

得少林功夫真传，并在康熙年间出征，帮助朝廷抵抗西鲁国进犯。但功成之后他们不仅没有得到褒奖，反遭陷害，被清廷派重兵围剿，南少林寺被火烧毁。仅存的五位武僧云游福建、广东、湖北一带教徒授拳，成立洪门，反清复明，后人尊称这五位僧人为南拳“五祖”。但经专家考证，清代并没有所谓的西鲁国存在，这个传说可能是洪门为了自

广东南拳与少林武艺有很深的渊源

己的源流和发展杜撰的。不过在福建莆田、泉州、福清都发现过与少林寺相关的历史物件，说明南少林的确存在过。

经学者考证，广东南拳与少林武术有很深的渊源。黄鉴衡编撰的《粤海武林春秋》里说到广东南拳的五大名家大都源于少林寺武术。南拳奠基者广东高要人蔡九仪是崇祯年间的武状元，在明朝灭亡后藏身少林寺，拜在一贯禅师门下潜心学习少林武艺。蔡九仪后返乡设馆授徒，洪拳创始人洪熙官拜他门下学艺，习得少林武术精髓。被誉为晚清“广东十虎”之一的洪家铁线拳创始人铁桥三梁坤，拜福建莆田少林寺的觉因和尚为师，跟随其在广州白云山能仁寺带发修行，尽得衣钵。梁坤晚年在海珠海幢寺居住，以授徒为生，得意门徒有南拳大师林福成、黄飞鸿和林世荣。此外，蔡家拳由少林寺还俗和尚蔡福传入广东；李家拳由少林寺和尚李

南派武术的形成离不开各类武术的交流和融合

锡开开创；莫家拳以腿法见长，相传是由少林寺慧真禅师传授。可见，南拳与少林武艺密不可分。

南派武术的形成也离不开各类武术之间的交流和融合。南拳的形成和发展得益于历史上三次大规模的北民南迁，包括两晋时的第一次移民、唐末僖宗时期的第二次移民和两宋之际的第三次移民。这三次移民都是以河南为出发点，而河南正是少林寺所在地。少林寺因在唐代受到朝廷重视嘉奖而迅速壮大，明代时得到空前发展，据说当时全国有多达10个少林寺，所谓“天下武功出少林”。可以推断，北方移民到南方生活，把作为北方文化重要组成部分的少林武功，也带到福建、广东一带。

演变：岭南生根　独树一帜

南拳在演变过程中，吸收了少林武术和北方武术技击特点，又受岭南地理环境、政治因素、生活环境的影响，融合南方人的体型特征和务实性格，呈现出独树一帜的特点。

从地理位置上看，岭南自古偏居一隅，被视为“化外”“蛮夷”之地。自然环境恶劣，毒虫猛兽频繁出没，原始森林密布，缺乏大面积可种植农作物的耕地，这些环境因素塑造了岭南人民在困难条件下求存拼搏、英勇无畏、敢于冒险的精神。由于远离中原政治中心，岭南常成为北方人民躲避战乱或者朝廷流放匪犯的地方。每次改朝换代，流民为逃避战火大量南迁，导致当地人员复杂，匪盗丛生，占山为王，各村落、宗族之间常发生械斗，官府管理鞭长莫及。为了反抗暴力侵害，保卫自身或家人的生命财产安全，岭南人民长久以来形成了尚武风俗。

结合南方人的体型特点，广东南拳注重稳马硬桥

南拳讲究近身短打

岭南人生活环境依山傍海。北部地区有五岭与中原相隔，多山地丘陵，人们在山坡和狭窄的滩涂上开垦田地种植，终日行走在崎岖小路、小溪、水田之中，劳作于狭小田垄之间，下肢稳、重心低才能保持身体平衡。南部珠江三角洲一带毗邻南海，水网密织，以种植水稻和捕鱼为生的人们以舟代步，同样需要重心下沉、两脚分开以保持身体稳定。这些生活环境因素使广东南拳在实际运用中，重视下盘稳定性和腰腹部力量锻炼，所谓的“稳马硬桥”，就是要两臂坚硬，力发于腰下，起腿不过腰，多用低腿和暗腿。电影里黄飞鸿有一个独门功夫“无影脚”，能够在空中连踢十几下，其实只是电影为了视觉效果的剪辑。黄飞鸿传人余志伟介绍，真正的“无影脚”是一套声东击西的脚法，用手的动作迷惑对方后出其不意地发腿攻击，练“无影脚”的前提是扎稳马步，没有十几年马步功底是不能练的。

广东南拳结合了南方人个子较小、身形灵活、有更出色的速度和爆发力等特点，讲究近身短打，“一寸短一寸强”。重桥手和短拳，引诱对方先使招发腿，再通过桥手灵活堵截防化，肩撞肘击，贴身近战取胜。在

使用棍桩等辅助器材练习南拳

现代，在身体直接对抗项目如武术散打、摔跤中的中小量级中，广东实力整体居前，就是南拳善于利用身体优势的最好证明。

另外由于岭南人秉性务实，讲究实效，所以南拳动作招式花样不多，朴实无华，讲究每一拳都落到实处。在器械的使用上，也多用适合随身携带、方便搏斗的武器，如南棍、大杆、四门刀、合仔刀（也称双合刀）、三尖叉、柳公拐、斧、矛、耙等等，表演性、观赏性器械较少。扁担、锄头和板凳等日常生活、生产用具也可以作为临时搏杀的器械使用，且有完整的单练技巧和套路拳谱记载，真正体现了岭南人不重虚名、求实务本的性格特点。

发展：流派林立　拳种纷呈

南拳的发展和经济的繁荣紧密相连。广东南拳拳术套路超过350多套，各种器械套路不少于100多套，其中最具代表性的岭南地域性传统南拳五大名家（洪家拳、刘家拳、蔡家拳、李家拳及莫家拳）和十三名拳（蔡李佛拳、咏春拳、侠家拳、白眉拳、南枝拳、儒家拳、佛家拳、刁家拳、朱家拳、岳家拳、昆仑拳、练步拳和练手拳），正是在明清时期工商业发达的广州、佛山、新会、中山、石龙等地兴起和发展的。

南拳各种流派和拳种兴盛繁荣

以聚集洪家拳、咏春拳、白眉拳、龙形拳等名家名拳的佛山为例，此地自古工商繁盛，商铺林立，手工业、服务业发达，明代作为外省入广的必经之路，被列为“天下四聚”之一。广州成为清代唯一对外贸易港口后，佛山便成为“广货”“北货”的集散地，吸引大量外来人口前来经商、打工，各地的武术人才也纷纷聚集于此，设馆授徒谋生。有学者考证，在明末清初的100多年间，广东和福建一带人口增长迅速，耕地严重不足，多余人口离开家乡另谋出路，而工商业发达的珠三角洲一带便成了“人力蓄水池”。在当时，背井离乡的劳动者一是为了强身自卫，二是为了在劳资纠纷中抱团互助、互相扶持，纷纷选择进入武馆学艺。明清全盛时期，佛山武馆达400多家，各种流派和拳种兴盛繁荣。

洪家拳

南拳中，五大名家之首是洪家拳，相传是清代洪熙官到中山所创，已经有300多年的历史。特点是手法多变，刚猛沉稳，硬桥硬马，发力有声。洪家拳拳术中最出名的是铁桥三梁坤所创的铁线拳，锻炼手臂犹如铁石一般坚硬沉稳。周星驰的电影《功夫》里，双臂戴着铁环的裁缝展示的就是铁线拳，扮演者是黄飞鸿的曾徒孙——当今首屈一指的洪拳大师赵志凌。黄飞鸿弟子林世荣所创的虎鹤双行拳则被公认为达到了广东武术界的最高境界，新中国成立后被纳入全国高等体育院校的武术教材。

关于刘家拳的创始人有三种说法：北江刘生、刘三眼和刘青山。该拳进退快速，灵活多变，有“蜘蛛爪，虾公背”一说。

蔡家拳相传是乾隆初年番禺人蔡展光所创，特点是以短打为主，有“洪家讲桥马，蔡家讲快打”一说。

李家拳特指新会李友山在少林五行拳基础上改进所形成的李家拳。李友山师承

李家拳

“少林五祖”之一的至善禅师，擅长腿法，在清代就是岭南赫赫有名的腿法大家。所以李家拳的特点是长桥大马，出拳收拳疾速，腿法变化繁复。

莫家拳原称“六度阴阳掌”，第一代

传人有惠州府海丰县莫蔗蛟（字达士）和惠州火岗村的莫达树、莫清骄、莫四季和莫定儒共五位，特点是拳势勇猛，擅长腿法，所谓“拳重百两，脚重千斤力”。2021年6月，莫家拳被列入国家级非物质文化遗产项目名录。

广东南拳中的十三名拳则多是从邻近省市传入，例如梅县的刁家拳传自江西；岳家拳由湖南引入；南枝拳、咏春拳则来源福建；白眉拳和侠拳都由四川峨眉山传入；昆仑拳源于河南等等。它们在广东落地生根，并最终形成具有岭南特色的拳种。拳派之间还经常交流比试，通过相互吸收融合，不断创新。如蔡李佛拳是在吸收借鉴蔡家拳、李家拳、佛家拳技击特点后创立的新的南拳种类，咏春拳始于福建而扬名广东。

广东南拳重视对传统技击的继承，既

咏春拳

不断交流创新，又始终秉承传统，坚持保留武术攻防格斗的传统技术风格和丰富的拳械套路和桩法。在当代竞技武术里，一些拳种为获得好的比赛成绩，一味追求“高、难、美、新”，片面讲究高难度动作，抛弃许多拳械套路。但广东南拳为了符合竞技武术的规则，增加腿法、跳跃、滚翻等新动作的同时，仍较多保存南拳传统武术的技术风格，体现武术技击的本质，确保传承数百年的武术精华不因为时代的变化而湮灭消失。

第二章

行拳如水

——广东南拳的特色与流派

技术特点：步稳势烈　拳法灵动

广东南拳拳势威猛刚烈，坚守短打，重实战，拳腿稳准狠。莫家拳产生之初就是为了看家护院，拳腿有雷霆之势；蔡李佛拳的最大特点是拳重，“连环制敌”；虎鹤双形拳拳法刚猛绝伦。故广东南拳有“呼喝则风云变色，开拳则山岳崩颓”的称誉，技术特点如下：

一是讲究马步和桥法。“稳马硬桥”为南拳独有，“马”指的是马步，也就是脚稳的基本姿势，分大马、小马和半马三种。练南拳“未学功夫，先学扎步”，“势烈”是

电影《一代宗师》剧照，展现广东南拳手法

在稳的基础实现的。“桥”是南拳特有的专业术语，指手臂，桥法就是用前臂攻击和防御的技巧，根据动作分为长桥大马和短桥小马两种。长桥大马的动作大而快，适合打长击短；短桥小马的动作小而灵活，适合短逼长和闪避攻击。

二是注重腰部发力。“手从胸口发，理从腰马生”，腰部是发力的关键。南拳强调深呼吸，沉气实腹，肌肉紧绷，臀部收紧，肩膀放松，脚稳地面，通过腰带动全身力量均匀，协调一致，使动作连贯流畅。

三是手法丰富多彩。“南拳重手”，动作快速而多变，包含多种不同类型的拳法、肘法、爪法、掌法、指法、勾手和桥法，能够在步型不变的情况下连续完成数次上肢技法，故南拳有“一势多手”“一步几变手”之称。

四是发力速度快慢相间。广东南拳的发力叫“劲”，根据发力速度不同分为短劲、长劲、飘打劲、连绵劲和撞抖劲（即宗劲、震劲）。一套拳中不同类型的发力相结合，速度快慢相间，打起来富有变化。

五是南拳讲究发声。广东南拳出拳时会发出“喝”“嘻”“嗨”等各种声音，这些声音据说是模仿动物的叫声，声音在打拳的过程中随着拳势的变化而变化，作用一是帮助力量更加集中，二是起到干扰对手注意力、借声壮威的效果。

咏春拳：以巧取胜　宗师辈出

十数年前，《叶问》《一代宗师》等一批关于叶问的电影相继上映，掀起一轮咏春拳的热潮。很多年轻人因为电影重新领略到这种已有200多年历史的广东名拳——咏春拳的魅力。

咏春拳是一种结合人的身体结构，激发人体潜能，以最小力量攻击和防守的拳术。它只有小念头、寻桥、标指三路拳套，是中华武术中套路最少的拳种，但包含了丰富的体系内容。小念头练习法度与筑基，寻桥练步法、腿法与卸力防御技术，标指练搏命之

甄子丹 监制|主演
叶伟信 监制|导演
袁和平 动作导演
黄百鸣 总监制
2019.12.20
十年传奇 最后一战
葉問
完结篇
4
IP MAN
甄子丹 饰 叶问
BONA

《叶问》电影海报

道与群战之法，黐手、木人桩是咏春拳的核心训练方法。咏春拳以实用技击为中心，有三个特点。特点一是防中有攻，攻不离防。在出手的时候就具备进攻和防守两种效果，连消带打、消打合一，积极主动占据先机。特点二是以短博长，以快制慢。直线出拳攻击，速度快，用最简单的动作完成最直接的进攻。特点三是借势顺势，以巧取胜。在双方对峙时，不用蛮劲与对方较量，而是将对方的力量顺势引向自己身体两侧化解，达到以巧胜拙的效果。因其简单实用、实战性强，深受广大武术散打爱好者的喜爱。

关于咏春的起源有三种流行观点。一是严咏春受教于南少林五祖之一的五枚师太，并传授给丈夫梁博涛，两人又授技于罗晚恭。二是佛山粤剧演员（红船弟子）黄华宝、梁二娣、大花面锦（陆锦）等人受教于北方艺人摊手五（张五），后融合岭南地域

咏春宗师梁赞雕像

特点进行创新，传授给在佛山开医馆的梁赞。三是红船弟子受教于在粤剧团避祸的南少林弟子至善禅师，后传给梁赞，梁赞对咏春拳招式进行归纳总结，创造出一套完整的咏春拳。佛山地区现在流传的几个咏春支系是在19世纪50—70年代传承形成的。20世纪20—30年代，阮奇山、姚才、叶问成为佛山“咏春三雄”，名噪一时。

咏春拳讲究一对一教授，历代祖师没有开武馆的传统，学生多为富家子弟，故有“太子拳”的称呼。阮奇山、张保共同的弟子岑能创立了岑能咏春拳，并在广州大德路开设医武馆，传授咏春拳法。20世纪80年代，岑能代表广东省体委参加全国民间武术汇演，展示了咏春木人桩技法，名扬京华，饮誉神州，被称为“广州咏春之父”。1989年，岑能成立“广州市武术协会咏春拳会”，其流派成为广州咏春拳的主要流派。

咏春拳在全球广泛传播，外国学习人数超过国内，这要归功于叶问和他的弟子们。叶问小时候师从梁赞的徒弟陈华顺学习咏春，主要由师兄吴仲素代为教授。他15岁去香港读书，机缘巧合下认识了梁赞的儿子梁璧，继续跟随梁璧学习，武功得到精进。叶问对咏春拳的学习秉持开放兼容的心态，他师从两脉学习咏春，把陈华顺教授的以“长桥”“低腿”为主的招式与梁璧加了脚法、摔法改良的“短桥”“高腿”招式融合创新。这在当时武术界饱受非议，因为传统授拳师傅更认可弟子完全按照自己的招式练习。但正因为叶问的求新求变，咏春才得以破圈为世界所认识。

叶问将原来包含繁琐武术套路与心法要诀的传授方式，精简为通俗易懂的粤语动作名称（如摊、掌、膀、伏、扰、捶），让练习咏春拳的人好理解、易上手。他一改言传身教的传统授课方式，利用在香港学到的物理力学和运动学原理绘制咏春拳力学图，便于外国人学习。他还与时俱进，在去世前三天拍摄木人桩教学视频，给后人学习咏春留下珍贵影片。

1949年叶问把咏春拳带到香港后，培养了一批徒弟，这些徒弟为咏春拳推广作了巨

一代宗师叶问铜像

大贡献。除李小龙外，大弟子黄淳梁被誉为“讲手王”（徒手比武），与香港的南北高手进行过60多次实战，战绩显赫，被报馆纷纷报道，帮助咏春拳在香港打出名气。黄淳梁的关门弟子李恒昌则是国家咏春拳段位考核制度制定人之一。李小龙的引路人张卓庆不仅编著出版多本咏春功夫专业图书，主演了第一部中国功夫教学片《咏春之路》，还

木人桩是咏春拳练习的辅助器械

是张氏咏春功夫世界总会会长、总教练。

咏春讲究“武”“德”兼备。陈华顺传授咏春拳，开拳第一句便是“小念头正终身正”。这句话有两层含义，一是小念头是咏春三路拳套中的第一路，包含各种基本动作，是其他套路招式变化的基础，如果小念头练不好，那么日后技艺很难有长进。二是小念头有一语双关之意，如果一个人小的念头都不上正道，那这个人的品德便不值得信任。

叶问撰的《咏春祖训》，尊咏春拳的开创者为严咏春，秉承她创拳是为了女子防身、强身自卫，而不是恃强凌弱的初衷，列了“勤练习技不离身，养正气戒滥纷争，当处世态度温文，扶弱小以武辅仁”等9条训诫，并身体力行做好示范。叶问习武初为爱好，淡泊名利，与其他武师切磋交流都是私下进行，在强敌面前镇定自若，诱敌出击，双手互搏做出不同攻防动作，攻守同期，以弱制强。而在已占优势的情况下不穷追猛打，点到即止，给对手留下余地，以德服人。到香港后为了谋生开设武馆授徒，他也要求徒弟们处处收敛，不能争强好胜，恃强凌弱。但谦让不等于懦弱，遇到家国

李小龙雕像

有难时，这种咏春精神又外化为绝不示弱、不屈不挠、因时而动、出拳救难的民族气节。

蔡李佛拳：武医兼修　刚柔并济

“北有太极，南有蔡李佛。”2008年入选第二批国家级非物质文化遗产名录的蔡李佛拳，由广东省江门市新会京梅村人陈享在清代道光年间创立，距今有180多年。

国家级非物质文化遗产代表性项目名录里，记载了蔡李佛拳庞大的拳术体系，有拳术39套，兵器套路64套，内功练习套路等共193套。蔡李佛拳在进行技击时一般都是手法和腿法配合使用，“姜子揼”是蔡李佛拳独有的拳法手势造型，左右开弓，双手如轮转，招式连绵不绝、变化莫测。蔡李佛拳

新会蔡李佛拳

以腿法凌厉、速度似流星著称，获得“无影脚”的称誉。此外出拳和发声配合紧密，讲究发声助威，发声助势。只要是听到“哗、滴、嗌”三声，则可知其为蔡李佛拳。

陈享自小习武，先后师从族叔陈远护练佛家拳，跟新会李家拳鼻祖李友山学习棍法和腿功绝技，跟随罗浮山少林寺还俗和尚蔡福学习少林内功和医术。学成后，陈享在

蔡李佛拳创始人陈享

新会开设“永胜堂”医馆，并在三位师父拳术特点的基础上，结合自己多年学习体会，创立了新的套路，编写了初、中、高三级的教材式武术拳谱，取众师父姓氏将拳术命名为“蔡李佛拳”（取“佛”字是因为学习的是佛家拳）。由于李友山对骨伤治疗造诣很深，蔡福是中医药的名家，陈享得他们真传，因此蔡李佛在当时出名的是医术，拳术只是顺带教授，其“未习武，先习医”、武医并行的传统鲜明，可惜现在蔡李佛的医术大部分已经失传。

1836年新会周边匪患严重，陈享受京梅村父老邀请返乡授拳，协助县衙推行“攻匪保良策”，成效显著。所以钦差大臣林则徐来粤禁烟时，陈享被邀请作为总督府幕僚，

蔡李佛拳成为岭南拳术的最大流派之一

协助训练广州等地区的禁烟水勇（民兵），蔡李佛拳也得以在广州、东莞等地推广。鸦片战争失败后，陈享深感增强国民体魄的重要性，提出“以武强族”的口号。返回家乡后，他加强对门下弟子的培训，并在1842年派出百多名弟子到两广各地开设44家武馆以及带“洪圣”字号的药店，有计划、有目的地推介蔡李佛拳，使蔡李佛拳迅速成为当时岭南拳术的最大流派。

太平天国的南王冯云山年轻时就是广西蔡李佛武馆的弟子，他参加太平天国运动后，广西的蔡李佛门徒成为太平天国的主要军事力量，陈享也成为翼王石达的幕僚。太平天国运动失败后，陈享为了躲避清廷通缉，先后在南洋、美洲等地以行医授拳为生，在他的推动下，蔡李佛拳成为最早走出国门的武术流派。

自创立以来，陈享就明确了创拳立拳的

蔡李佛拳形成武德高、武行正的蔡李佛文化

理念是仁义，注重传承者的品格养成，尊师重道，饮水思源，锲而不舍。这个理念首先表现在对拳派的命名上。与其他拳派创立者冠自己的姓不同，陈享为感谢和纪念三位师父的培育之恩，取了三位师父的姓氏为拳命名，又因为三人之中蔡福辈分最高和武功最强，所以以“蔡”字排头。蔡李佛拳最重要的特点是能锤炼人的意志力，提升人的礼仪素养，让人更好地融入集体生活，并且以和谐友善、充满爱心的方式对待人和事。此外，陈享摈弃门户之见，海纳百川，无论贵贱，只要具备习武的条件，能够吃苦耐劳、坚忍不拔，就可以学习蔡李佛拳。在旧时“穷文富武”的环境里，蔡李佛拳走平民化路线，武馆免费教拳，师父们靠行医谋生，蔡李佛拳弟子多为贫苦大众，形成了“武德高、武行正”的蔡李佛文化。

蔡李佛拳一门多派，旗下有“鸿胜”“洪胜”“北胜”和“雄胜”等几大流派。第二代传人张炎先跟随陈享学艺，后赴广西跟青草和尚学习佛门内外八卦掌，并获赐名“鸿胜”。张炎学艺成后到佛山创立了蔡李佛拳鸿胜馆，弟子李苏等人在辛亥革命中是攻占佛山的起义军。在20世纪20年代，鸿胜馆在佛山各地有20多家分馆，门下子弟近万人，是当时中国最大的武馆。北胜蔡李佛拳则由第四代传人谭三创立，在广州小北仓边路设馆授拳。他自创连环插捶、高桩马等独门技法，因与鸿胜蔡李佛拳有所不同，故改名北胜蔡李佛拳。

广州市荔湾区仁威祖庙前精彩的蔡李佛武术表演

百年以来，历经代代传承与发展，蔡李佛拳在国内外开枝散叶，成为广东武术史上传播最广泛的南拳拳种之一。京梅村蔡李佛洪圣始祖馆重修落成时，世界各地两千多名弟子前来拜祭祖师。从2001年到现在，蔡李佛拳国际交流会已经举办了八届，每一届都有十几个国家的弟子到京梅村拜祭陈享祖师爷，并进行武术交流。2022年，在江门市举行的“少年中国说”中国侨都国际武术交流大会上，不少蔡李佛拳海外弟子前来展演武术。

第三章

拳震八方

——广东南拳的传承与弘扬

国内：非遗传承　设馆进校

广东南拳一直占据着中国武术的半壁江山。20世纪80年代初，国家体育运动委员会组织开展“全国武术挖掘整理”工作，对全国传统武术进行一次全面摸底，经过整理，确认了129个拳种，其中广东南拳就占了23个。但这些拳种大多只是作为名目存在，有传承人的非常少。步入20世纪90年代后，社会环境改变，在快节奏的现代生活中，民众对需要耗费大量时间、精力练习的传统南拳渐渐失去兴趣，练武的人持续减少，加上很多拳派的传承人都已年过花甲，各派面临后

开学礼上，小学生们进行南拳武术表演

继无人的局面。如莫家拳的发源地惠阳火岗村，随着村里老一辈武术师傅相继离世后，近20年村里已经没有人习武。仅靠南拳谋生的时代也已过去，授拳经济效益低、门派利益存在纠葛等问题，都是广东南拳传承发展道路上的障碍。

随着2003年联合国教科文组织通过《保护非物质文化遗产公约》，各国开始了保护自己国家非物质文化遗产的活动，广东南

咏春文化进校园

拳的有志之士也投身其中。江门市新会区蔡李佛拳、莫家拳、佛山咏春拳、广州北胜蔡李佛拳先后被列入国家级非物质文化遗产目录；龙行拳、惠州李家拳、南枝拳、湛江洪拳、莫家拳（惠州）等一批优秀拳种也入选省级非遗名单，还有一大批广东南拳拳种，被列入县市级的非遗名单，一些近乎绝迹的拳种套路被整理挖掘，重新获得关注和延续。

广东省文化和旅游部也按照国家扶持非遗的政策要求，对广东南拳的传承人拨付非遗保护基金。传承人每年可以获得政府的一笔经费，为传承工作筑牢经济基础。得到政府肯定的传承人，还可以设馆招收徒弟，更好地促进南拳的推广传承，传承工作进入良性循环。如2013年成功申报为市非物质文化遗产、2015年晋级为省非遗项目的米机王咏春拳，其省级非遗传承人黄念怡所开办的米机王拳馆20年来授徒无数，门下还有来自欧美十几个国家的洋弟子。2013年成功申报市遗，2021年成为国家级非遗的莫家拳，传人张国琛成立了林荫堂国艺院，不仅招收了

学生们在功夫锦标赛上表演蔡李佛拳

学生们在武术馆学习南拳

大批学员，还把莫家拳推广到各中小学校。

2015年，洪拳被评为广州市第五批市级非物质文化遗产代表性项目，传承人冯亦慧所办的聚英武馆连续两届被评为广州市市级洪拳传承训练基地，他的50多家洪拳武馆基地分布在广州、惠州、清远、东莞等地，洪拳文化得到广泛传播。

同时，教育部及相关部门已经把武术列为部分中小学体育必修课，其中广东南拳在我国各级各类学校校园文化和体育教育中成为主要内容。广东南拳“三宝”之一的虎鹤双形拳被列为我国高等体育院校武术教材内容。广东教育出版社出版的小学《体育与健康》必修教材中，南拳里的基本功、基本动作及其组合是技术部分的重要内容。中学《体育与健康》必修教材中，南拳被列入民族传统体育部分。在体育院校里，南拳、南

小学生在练习咏春拳

学生们在李小龙祖居门口表演南拳

棍、南刀的竞争套路和传统南拳的单练、对练、集体项目等，更是传统体育专业的必修课程。

自2018年开始，广东省教育厅、广东省体育局主办了“武术进校园”系列活动。2021年，首届广东省学生武术公开赛在佛山市举行，来自283所高校和中小学校、武馆等单位的近3000名学生参加了拳术类、短器械类、长器械类、传统南拳类项目比赛，尽显近年来武术进校园的优秀成果。各个拳派的传承人也都坚持创新，积极推广“武术进校园”等活动。莫家拳市级非物质文化遗产项目代表性传承人莫锦满创编了《莫家拳少年团体拳》，把传统武术莫家拳融入到校园体育教学中，形成了特色鲜明的课间操，让学生更好地认识莫家拳并从中汲取其精华。

海外：以侨为桥　蜚声四海

当今中国武术在世界具有如此大的影响力，广东南拳功不可没。广东在明清时就开始与国外通商，向海外移民历史悠久，南拳中有不少传承人移民国外，在当地成立拳会，以侨为桥，将南拳带到了世界各地，扎根发芽，打响了中国传统武术的名号。有资料显示，1877年，在新加坡的华人约有五万人，其中四分之一以上为天地会成员，这些人几乎都粗通功夫，当中更不乏武林高手，在迁徙的同时，把中华武术传播到印尼及南洋群岛。

洋弟子们来粤交流，加深对南拳的了解

鹤山咏春蜚声海外，吸引各地武术爱好者前来学习

近代因经济、战事、政治等原因去海外教拳传艺的拳师数量众多，蔡李佛拳祖师陈享是海外传播第一人，现在许多华人社团仍保留当年蔡李佛拳传播的一些痕迹。其他名师，如咏春拳大师冯朝振、外海太虚拳大师伍德文等都有到南洋、美洲一带传授武艺的经历。

作为中国传统文化的重要组成部分，广

东南拳已被越来越多的外国人接受和认可。好莱坞动作影星尼古拉斯·凯奇在动作电影《曼谷杀手》中娴熟地展示冲拳、黐手等咏春拳经典招式。钢铁侠扮演者小罗伯特·唐尼是叶问弟子张卓庆的徒孙，练习咏春拳长达18年，他在影视作品《大侦探福尔摩斯》《钢铁侠3》里也施展过咏春拳。

可以看出，海外练习咏春拳的氛围甚至超过国内。1975年，“国际咏春梁挺拳术总会”在中国香港成立，其现已在65个国家成立4000多个海外支部，门下弟子近200万人。会长梁挺是叶问的封门弟子，在浸会大学读书时开设了全香港大专学府中的首个咏春拳术班，后拜叶问为师，全面精准地学习传统咏春拳术的技击、拳理及法度。20世纪70年代，梁挺受邀于德国开馆教授咏春拳，击败空手道大师，让中国功夫在德国武术界扬名。他吸收现代国际惯例和培训教授理念，同德国弟子们一起创立WingTsun（WT）“梁挺咏春”课程，设立教练晋级体制和学员晋级体制，使咏春拳转变为可供修习、教授、考核、升级的教学系统，打破原本只能通过师徒口传身教的个人授技壁

曼哈顿的咏春拳师

南拳不断发展，与其他艺术如醉龙舞结合，焕发新的活力

垒，使得咏春拳在许多国家和地区得到广泛发展和传扬，为中华武术在国际上发扬光大起到了重要的桥梁作用。

广东南拳，是具有鲜明地域特色的岭南传统体育项目，是岭南文化重要组成部分，是岭南先民留下的珍贵文化遗产。弘扬广东南拳，不仅能够让更多的人了解和感受中华优秀传统文化的历史和现状，还可以提高人们的身体素质、心理素质和文化素养，激发人们对传统文化的热爱和自豪感，更好地推动中华文化的传承和发展。因此，我们应该更加重视广东南拳这一传统文化遗产，积极推广和传承，让广东南拳成为岭南文化传统体育项目中的一颗璀璨明珠，让这一传统文化焕发崭新的生命力和活力！

后记

采中原之精粹，纳四海之新风，岭南文化孕育了繁花似锦的各类非遗。2021年，我们策划出版了“粤雅小丛书”第一辑，包括广东剪纸、香云纱、茅龙笔、广彩等，并积极推动其“走出去”，2022年，“粤雅小丛书”在海外发行了英文版，收到了良好的传播效果。

今年我们再度推出“粤雅小丛书”第二辑，选取当下极具岭南个性活力和创新精神、且素为普罗大众喜闻乐见的五种非遗——醒狮、龙舟、南拳、广绣、玉雕。在此感谢为本辑提供图片的机构及个人：南方日报图库、视觉中国、图虫网、汇图网、fotoe图片库；南越王博物院、广州十三行博物馆、新会蔡李佛始祖拳会；欧蕊荣、刘国鹏等。

岭南非遗是一座富矿，是广东文化、广东韵味之凝聚，未来我们将继续深挖此富矿，为非遗的传承与发展添砖加瓦。

粤雅小丛书编委会

2023年7月